Cuentos de hadas clásicos con un giro

Rapunzel

Escrito por Shannon Anderson
Ilustrado por Gal Weizman
Traducción de Pablo de la Vega

Un Libro de la Sirena
SEAHORSE PUBLISHING

Había una vez un rey y una reina que vivían en un castillo. A un lado del castillo había una enorme huerta de frutas y verduras, pero, tristemente, una bruja malvada vivía ahí y se negaba a compartir la cosecha.

La reina estaba embarazada de su primer hijo. Miraba la huerta a través de la ventana y deseaba la comida que veía. Quería estar sana para su bebé. El rey no podía conseguir en toda la ciudad comida tan rica y maravillosa como la que había en la huerta de la bruja.

—¡Veo arándanos azules! —chilló la reina— ¡Ah! Ejotes. Cuánto daría por comer ejotes.

Esa noche, el rey se coló dentro de la huerta y recolectó algunos arándanos azules y ejotes.

—Gracias, adorado esposo —dijo la la reina muy emocionada—. Están DELICIOSOS. Mantendrán a nuestra bebé saludable. —Al día siguiente, la reina dijo:— ¿Viste el brócoli? ¿Y los duraznos en los árboles de durazno ahí abajo? Serían ideales para la cena de hoy.

El rey volvió a colarse en la huerta para recolectar los alimentos. Desafortunadamente, esta vez la bruja lo descubrió robando.

—¿Qué crees que estás haciendo? ¡Te advierto que no debes volver a mi huerta nunca más!

—Mi esposa está embarazada —rogó el rey a la bruja—. Tus maravillosos alimentos las mantienen a ella y a nuestra bebé sanas y felices. ¿Puedo pagarte por ellos?

La bruja soltó una risa malvada.

—Robaste algo que me pertenecía. Tienes dos opciones: puedo hacer un hechizo contra tu esposa que hará que ella y su bebé se enfermen terriblemente, o puedes entregarme a tu bebé cuando nazca.

El rey y la reina estaban devastados. No querían arriesgarse a que la reina o la bebé se enfermaran. Cuando la bebé nació, la entregaron a la bruja malvada. La bruja la llamó Rapunzel y se las arrebató de las manos.

Cuando Rapunzel era adolescente, la bruja la hizo mudarse a una torre muy alta que no tenía puertas. La única manera de llegar a donde estaba era a través de una ventana en lo alto. La bruja hizo un hechizo para que el cabello de Rapunzel creciera mucho y fuera muy fuerte. Cuando la bruja quería verla, le pedía a Rapunzel que le arrojara el cabello. Luego, escalaba por él y entraba por la ventana.

Rapunzel se sentía muy sola en la torre. Veía a los animales y sentía el clima. Leía libros y cantaba. Su única compañía era la de la bruja, cuando esta iba a verla de noche.

Un día, Rapunzel vio a un guapo príncipe debajo de la torre. Nunca había visto a un hombre joven y se emocionó mucho. Comenzó a cantar para atraer su atención. El príncipe escuchó su hermosa voz, volteó hacia arriba y descubrió un rostro bellísimo.

El príncipe le habló. Ella dejó caer su cabello por la ventana. Él escaló por la torre y pasó la tarde con ella.

Desde entonces, el príncipe la visitaba todos los días. Rapunzel y el príncipe empezaron a sentir mucho cariño entre ellos.

Cuando la bruja se enteró de que un príncipe visitaba a Rapunzel, se enojó. Le dijo a Rapunzel que ya no podría verlo. Al día siguiente, Rapunzel se negó a arrojar su cabello para que le bruja pudiera subir. Entonces, la bruja hizo una escalera y subió. Cortó el cabello a Rapunzel para que el príncipe no pudiera subir a verla. Luego bajó y se llevó la escalera.

Esa tarde, cuando el príncipe vio el cabello corto de Rapunzel, mandó buscar al estilista de su hermana. El estilista llegó con las extensiones de cabello más largas que tenía y las catapultaron por la ventana.

A Rapunzel le tomó horas unir las extensiones. Cuando el príncipe intentó escalar por el nuevo cabello, este se desprendió de la cabeza de ella. El príncipe se cayó, pero se le ocurrió una idea.

Llamó a los bomberos y les pidió que llevaran su camión. Cuando llegaron, Rapunzel bajó por la escalera del camión y por fin pudo escapar de la torre.

Rapunzel y el príncipe se escaparon a una isla lejana y se casaron. Vivieron felices para siempre.

Escrito por Shannon Anderson
Traducción de Pablo de la Vega
Ilustrado por Gal Weizman
Diseño de Under the Oaks Media
Desarrollo de la serie de James Earley
Editora Erica Ellis

Library of Congress PCN Data
Rapunzel / Shannon Anderson
Cuentos de hadas clásicos con un giro
ISBN 979-8-8904-2575-1 (hard cover)
ISBN 979-8-8904-2849-3 (paperback)
ISBN 979-8-8904-2873-8 (EPUB)
ISBN 979-8-8904-2861-5 (eBook)
Library of Congress Control Number: 2024933147

Printed in Canada/012025/CP20250101

Seahorse Publishing Company
www.seahorsepub.com

Published in the United States
Seahorse Publishing
PO Box 771325
Coral Springs, FL 33077

SEAHORSE PUBLISHING